La salud y tu cuerpo/Health and Your Body

La ciencia y tu salud

Science and Your Health

por/by Rebecca Weber

CAPSTONE PRESS
a capstone imprint

Pebble Plus is published by Capstone Press,
151 Good Counsel Drive, P.O. Box 669, Mankato, Minnesota 56002.
www.capstonepub.com

Books published by Capstone Press are manufactured with paper containing at least 10 percent post-consumer waste.

Library of Congress Cataloging-in-Publication Data
Weber, Rebecca.
[Science and your health. Spanish & English]
La ciencia y tu salud = Science and your health / por Rebecca Weber.
p. cm.—(Pebble plus bilingüe. La salud y tu cuerpo = Pebble plus bilingual. Health and your body)
Summary: "Simple text and color photographs illustrate the ways science is used to keep people healthy, including medicine, X-rays, ultrasounds, and surgery—in both English and Spanish"—Provided by publisher.
Includes index.
ISBN 978-1-4296-6897-2 (library binding)
1. Health—Juvenile literature. 2. Medicine—Juvenile literature. I. Title. II. Title: Science and your health.
RA777.W43518 2012
613—dc22 2011000623

Editorial Credits
Gillia Olson, editor; Strictly Spanish, translation services; Veronica Correia, designer; Danielle Ceminsky, bilingual book designer; Svetlana Zhurkin, media researcher; Laura Manthe, production specialist

Photo Credits
Capstone Studio/Karon Dubke, cover
Dreamstime: Darren Baker, 20; Mangostock, 6–7; Paul Landsman, 18–19; Photoeuphoria, 8–9; Valerijs Vinogradovs, 10–11
Getty Images/The Image Bank/Robert J. Herko, 16–17
Photo Researchers/Peter Menzel, 15
Shutterstock: forestpath, 1; Jim Barber, 21; StockLite, 13; wavebreakmedia, 4–5

Note to Parents and Teachers

The La salud y tu cuerpo/Health and Your Body series supports national standards related to health and physical education. This book describes and illustrates how science keeps people healthy in both English and Spanish. The images support early readers in understanding the text. The repetition of words and phrases helps early readers learn new words. This book also introduces early readers to subject-specific vocabulary words, which are defined in the Glossary section. Early readers may need assistance to read some words and to use the Table of Contents, Glossary, Internet Sites, and Index sections of the book.

Printed in the United States of America in North Mankato, Minnesota.
032011
006110CGF11

Table of Contents

Tabla de contenidos

Science and Health

What does science have to do with your health? Doctors and nurses use science every day to keep you healthy.

La ciencia y la salud

¿Qué tiene que ver la ciencia con tu salud? Los médicos y enfermeros usan la ciencia todos los días para mantenerte saludable.

Helpful Medicine

Long ago, doctors used plants to help people. Today, doctors use all kinds of medicines, but some still come from plants. Aspirin is made from tree bark.

Medicina útil

Hace mucho tiempo, los médicos usaban plantas para ayudar a la gente. Hoy, los médicos usan todo tipo de medicamentos, pero todavía algunos provienen de las plantas. La aspirina se hace de la corteza de árbol.

Some medicines are vaccinations.
Vaccinations teach the body
how to fight off certain diseases.
They keep people from getting
sick in the first place.

Algunos medicamentos son vacunas.
Las vacunas enseñan al cuerpo cómo
combatir ciertas enfermedades.
Ellas evitan que la gente se enferme.

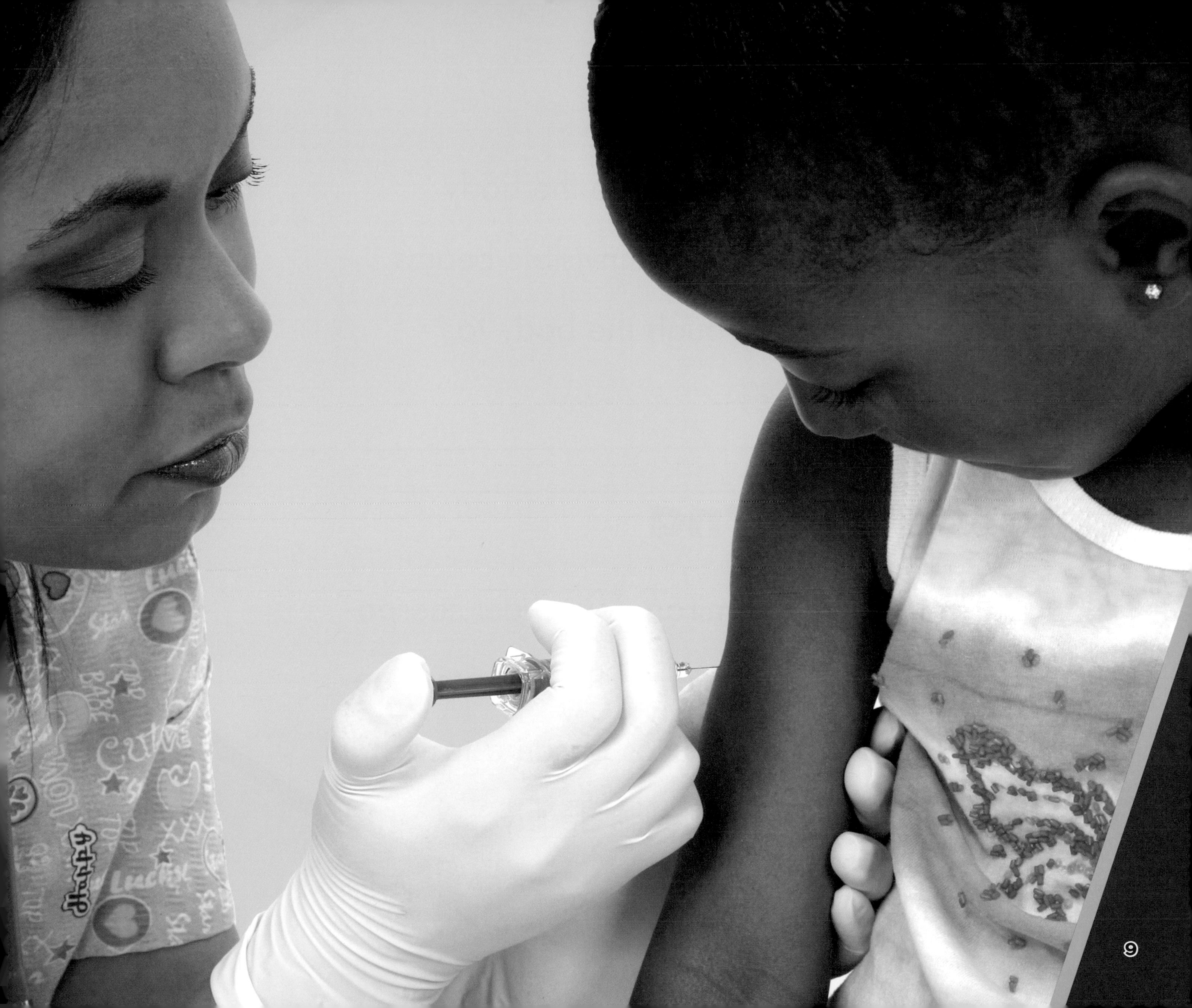

Looking Inside

Sometimes doctors look inside the body to help patients. X-rays are invisible beams of light. They pass through the body to create X-ray pictures.

Vista interna

A veces los médicos miran dentro del cuerpo para ayudar a los pacientes. Los rayos X son haces invisibles de luz. Ellos pasan a través del cuerpo para crear imágenes de rayos X.

An ultrasound also shows inside the body. This machine uses sound waves that bounce off things in the body. A computer turns the waves into a picture.

Un ultrasonido también muestra el interior del cuerpo. Esta máquina usa ondas de sonido que rebotan sobre cosas en el cuerpo. Una computadora luego convierte las ondas en una imagen.

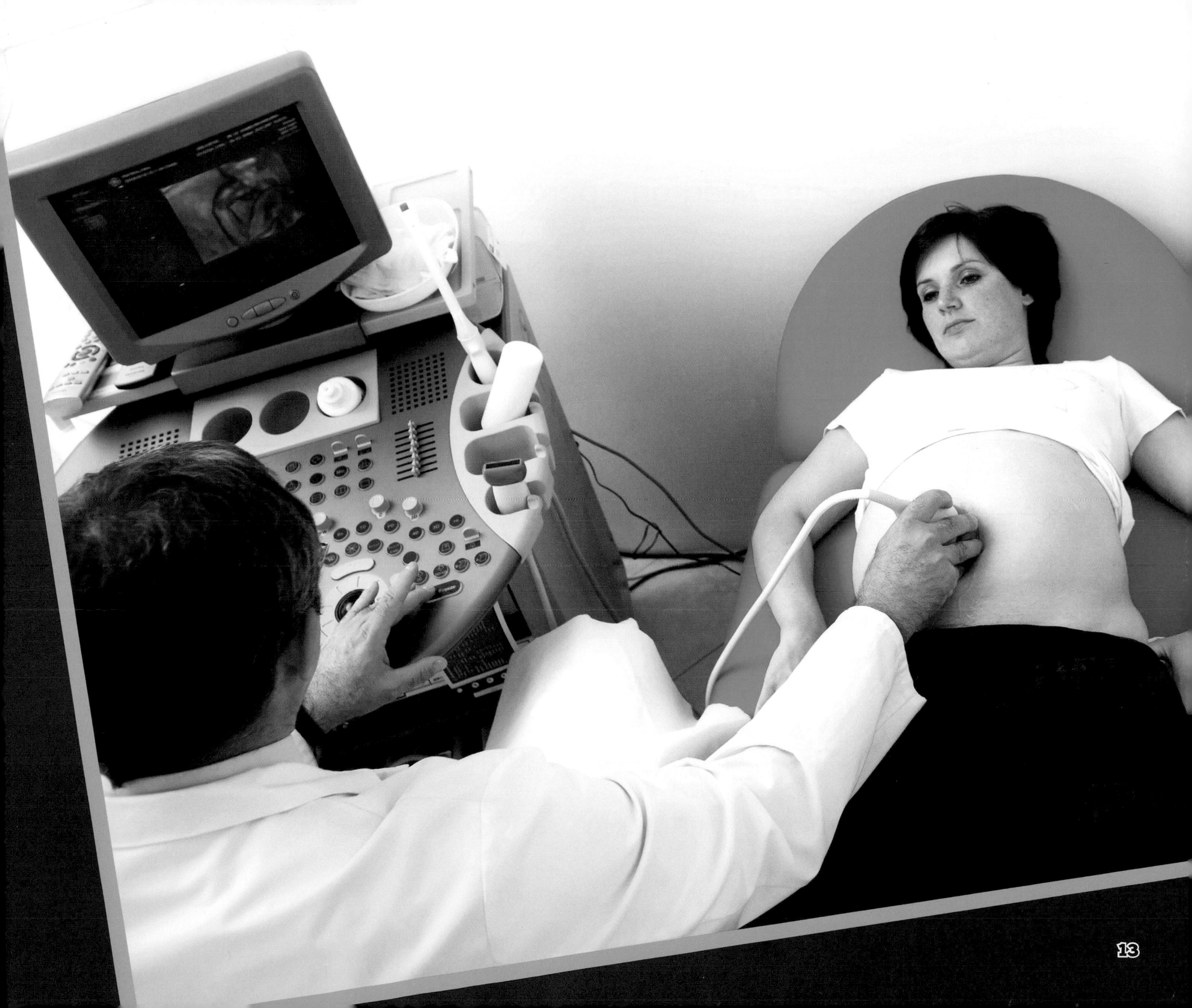

Surgery

Patients sometimes need an operation, or surgery. Some surgeries use robots. A doctor controls the robot to make tiny, exact movements.

Cirugía

A veces los pacientes necesitan una operación o cirugía. Algunas cirugías usan robots. Un médico controla el robot para hacer movimientos diminutos y exactos.

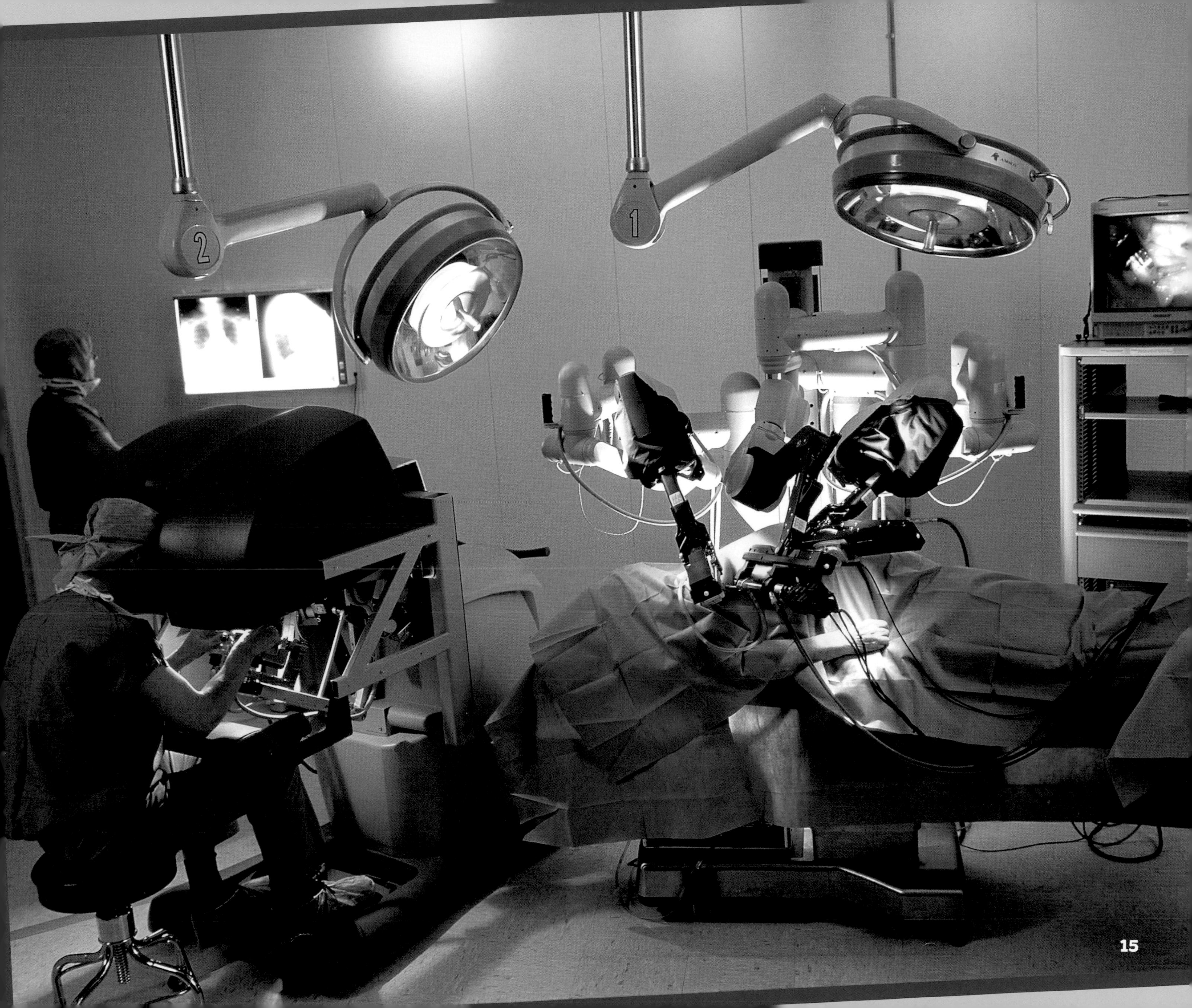
2
1

Most surgeries use knives, but some use lasers. Lasers are powerful beams of light. They can fix weak eyes or erase scars.

La mayoría de las cirugías usa cuchillos pero otras usan láseres. Los láseres son haces de luz potentes. Ellos pueden reparar ojos débiles o borrar cicatrices.

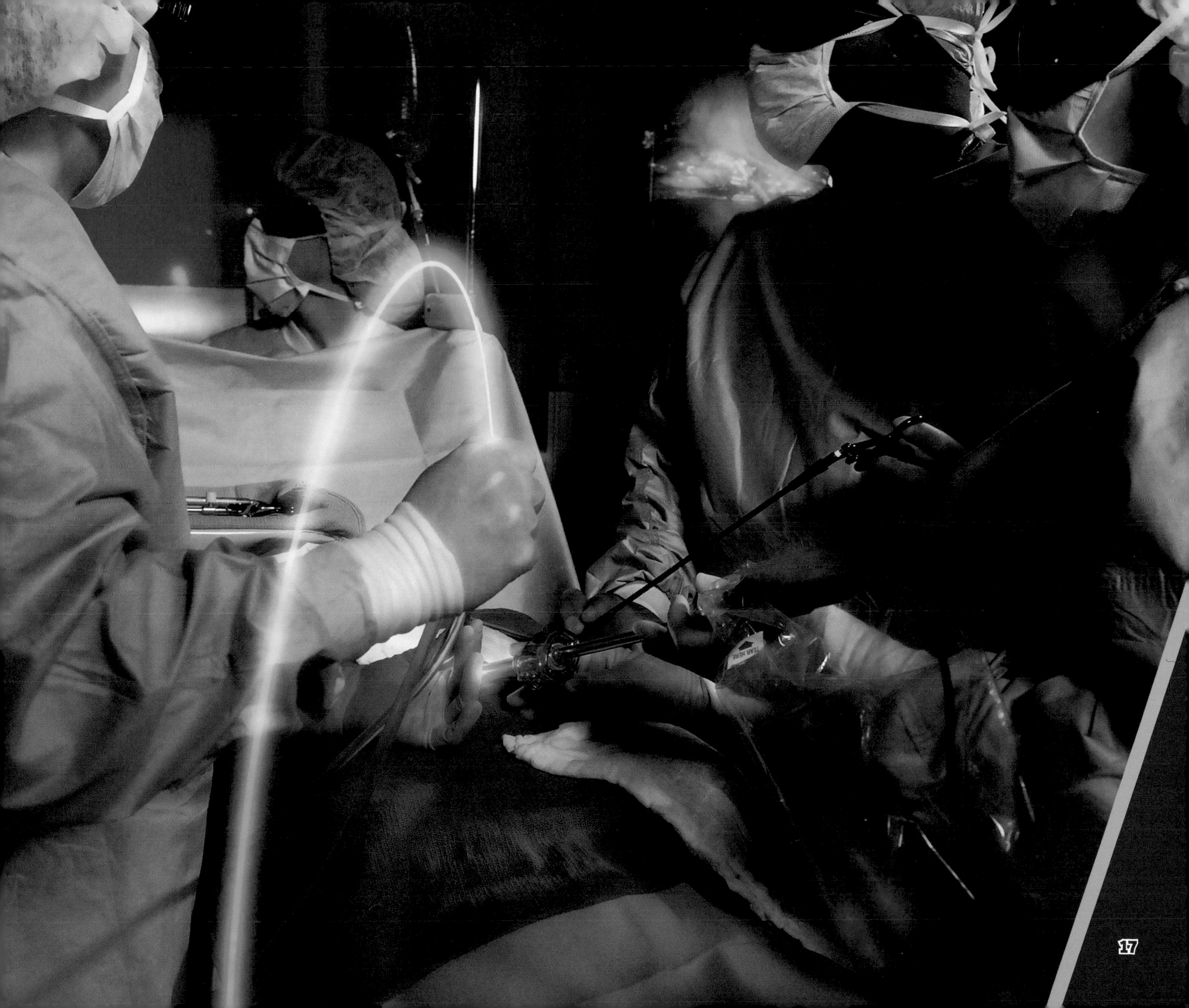

Doctors who do surgeries are called surgeons. They are always using science to help patients. They can even replace one person's heart with another.

Los médicos que realizan cirugías se llaman cirujanos. Ellos siempre usan la ciencia para ayuda a pacientes. Ellos hasta pueden reemplazar el corazón de una persona con otro.

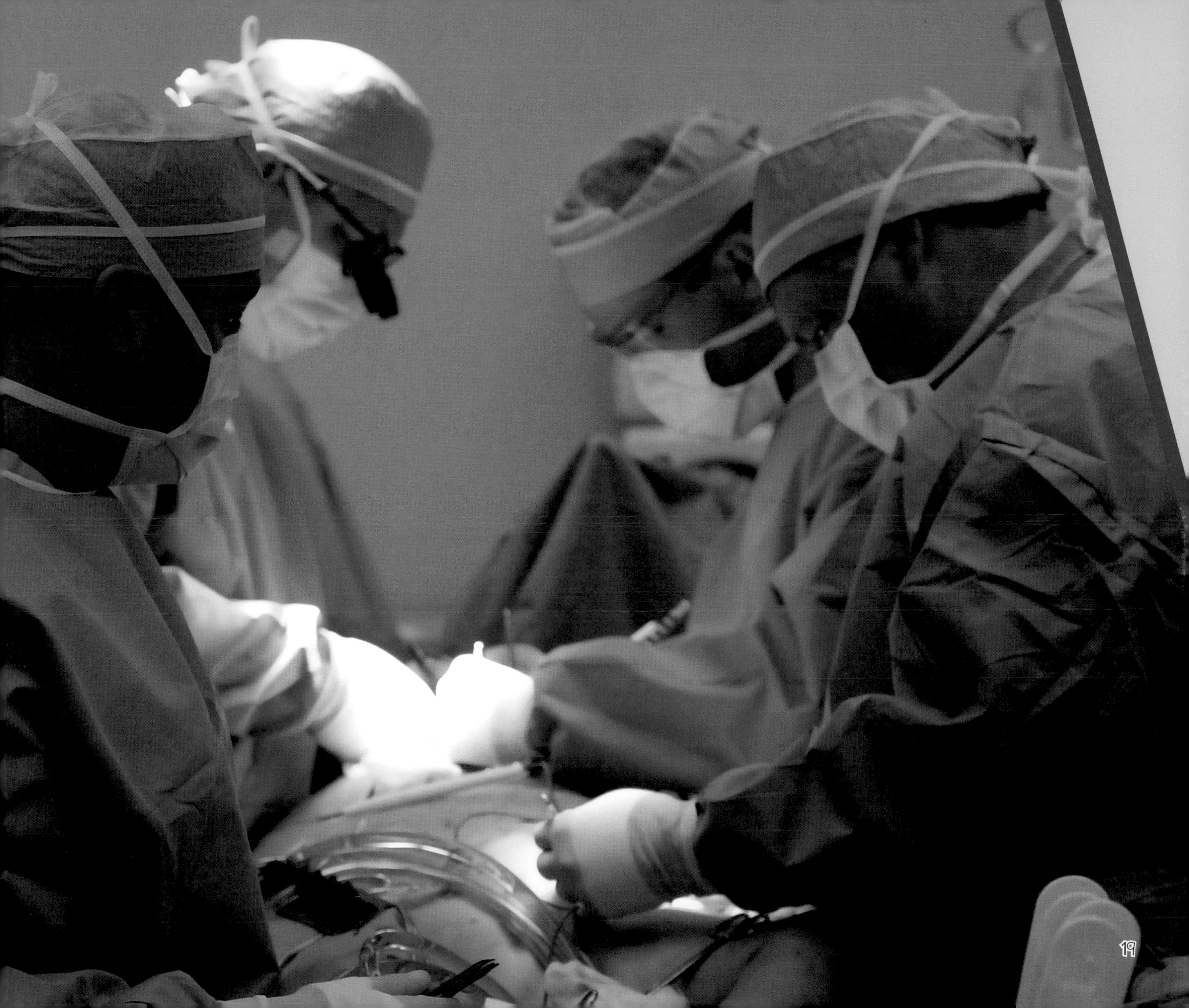

Fun Facts/Datos divertidos

- Microscopes were invented almost 400 years ago. Doctors use them to look at cells from inside a person's body.

  Los microscopios se inventaron hace casi 400 años atrás. Los médicos los usan para mirar células en el interior del cuerpo de una persona.

- The first successful transplant of a heart from one person to another happened in 1967. It was done by a surgeon in South Africa.

  El primer trasplante exitoso de corazón de una persona a otra sucedió en 1967. Fue realizado por un cirujano en Sudáfrica.

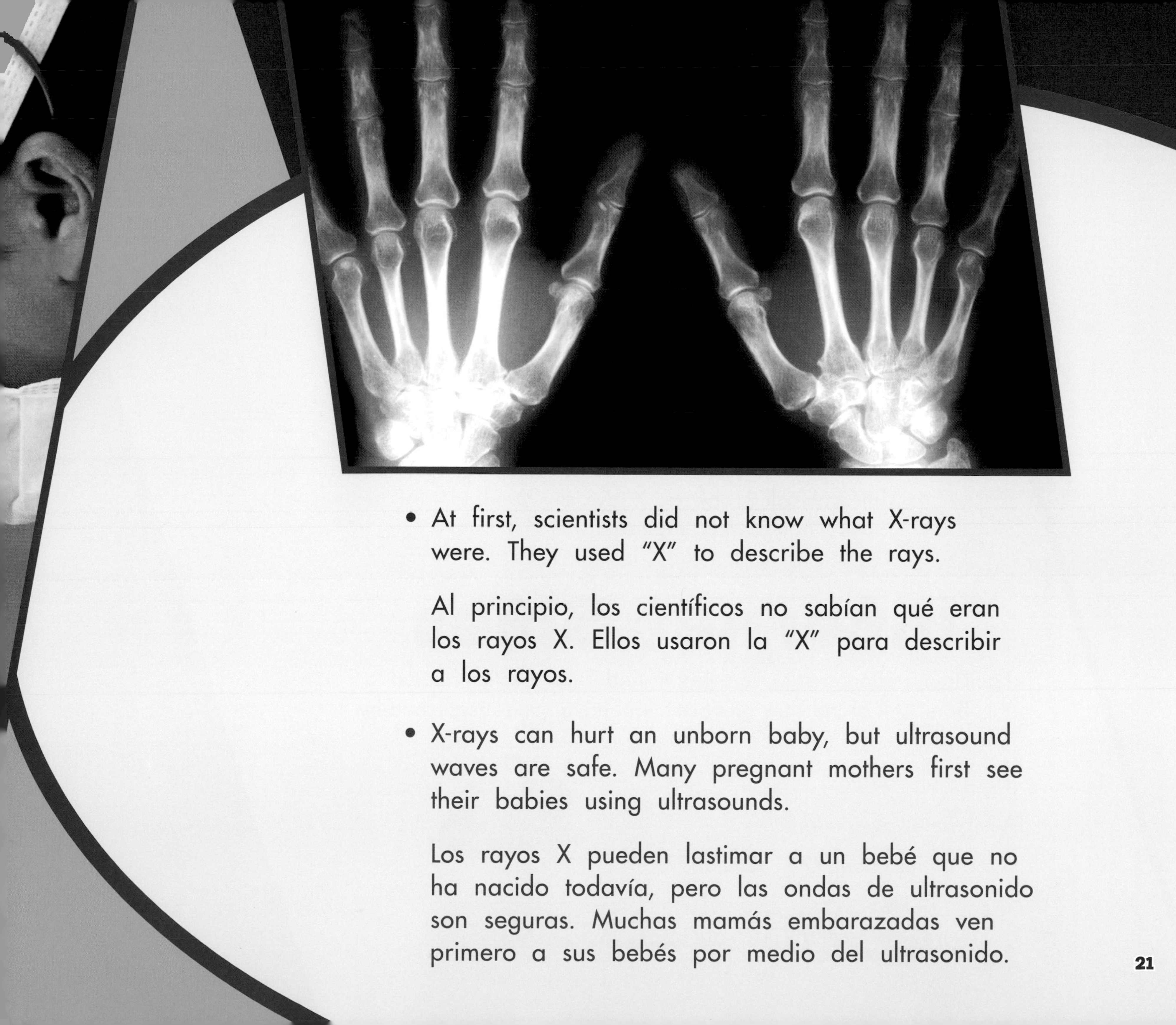

- At first, scientists did not know what X-rays were. They used "X" to describe the rays.

  Al principio, los científicos no sabían qué eran los rayos X. Ellos usaron la "X" para describir a los rayos.

- X-rays can hurt an unborn baby, but ultrasound waves are safe. Many pregnant mothers first see their babies using ultrasounds.

  Los rayos X pueden lastimar a un bebé que no ha nacido todavía, pero las ondas de ultrasonido son seguras. Muchas mamás embarazadas ven primero a sus bebés por medio del ultrasonido.

Glossary

laser—a thin, powerful beam of light

patient—a person seen and treated by a doctor

robot—a machine that is programmed to do jobs that are usually done by people; a robot can also be directly controlled by a person

ultrasound—sound that is too high for the human ear to hear; ultrasound waves are used in medical scans

vaccination—medicine that protects from getting a disease, usually given in a shot

X-ray—an invisible high-energy beam of light that can pass through solid objects; X-rays are used to take pictures of teeth, bones, and organs inside the body

Internet Sites

FactHound offers a safe, fun way to find Internet sites related to this book. All of the sites on FactHound have been researched by our staff.

Here's all you do:

Visit *www.facthound.com*

Type in this code: 9781429668972

Glosario

el láser—un haz de luz delgado y potente

el paciente—una persona atendida y tratada por un médico

los rayos X—un haz de luz invisible de alta energía que puede atravesar objetos sólidos; los rayos X se usan para obtener imágenes de dientes, huesos y órganos dentro del cuerpo

el robot—una máquina que está programada para hacer trabajos que son realizados usualmente por una persona; un robot también puede estar controlado directamente por una persona

el ultrasonido—sonido que es demasiado alto para que el oído humano lo capte; las ondas de ultrasonido se usan en escaneos médicos

la vacuna—medicamento que protege a alguien de contagiarse una enfermedad, usualmente dado en una inyección

Sitios de Internet

FactHound brinda una forma segura y divertida de encontrar sitios de Internet relacionados con este libro. Todos los sitios en FactHound han sido investigados por nuestro personal.

Esto es todo lo que tienes que hacer:

Visita *www.facthound.com*

Ingresa este código: 9781429668972

Index

Índice